AF267979

L'UNION
DE
LA PAIX
ET DE
L'AMOUR
PASTORALE,

REPRESENTÉE PAR
L'Academie Royale de Musique,
établie à Roüen.

Se vend,

A ROUEN, à la Porte de ladite Accademie,
vis-à-vis la ruë Herbiere.

Avec Privilege du Roy,
M. DCC.

ACTEURS
DU PROLOGUE.

LE DESTIN,   Mr Leger.
Suite du Destin,
LA RENOMME'E ,   Mademoiselle
Gautier.
Suite de la Renommée,
UN PLAISIR,   Mr le Fevre.
Suite de Plaisirs & de Graces,
Plusieurs Peuples.

PROLOGUE.

Le Theâtre represente le Palais du Destin.

LE DESTIN & SA SUITE.

MON pouvoir absolu que respectent les
  Dieux,
S'étendoit autrefois sur la Terre & sur
  l'Onde :
   La Paix, ce bien delicieux,
Qui de mille autres biens est la source feconde,
  Ne décendoit jamais des Cieux,
Sans avoir consulté ma Sagesse profonde ;
  Mais un Heros laborieux,
Un Heros qu'en tous Lieux la Victoire seconde,
A brisé du Destin le joug imperieux,
  Et par des Exploits glorieux
Sa valeur aujourd'hui fait le destin du Monde.
  Chœur de suite la du Destin.
Un Heros qu'en tous Lieux la Victoire seconde
A brisé du Destin le joug imperieux,
  Et par des Exploits glorieux
Sa valeur aujourd'hui fait le Destin du Monde.
   LE DESTIN.
Pour celebrer le retour de la Paix,

PROLOGUE.

Mortels chantez, le Destin vous l'ordonne,
Et par vos soins meritez les biens-faits
Du Heros qui vous la donne.
On entend un bruit des Trompettes.
Ces sons harmonieux
Que cellequi prend soin d'annoncer ses Conquestes,
Vient faire entendre en ces Lieux,
Vont se mêler à vos galantes Fêtes.
On reprend l'air des Trompettes pour la décen-
te de la Renommée

LA RENOMME'E & sa Suite,

Aprés avoir servi les glorieux Exploits
Du plus puissant des Rois,
Pour publier la Paix sur la Terre & sur l'Onde,
L'amour veut qu'aujourd'hui mon zele le seconde,
A rétablir son Empire & ses Loix :
Faisons raisonner nos Trompettes,
Rapellons ici les plaisirs,
Les tendres Amourettes,
Pour satisfaire à ses pressans desirs.

Chœur de la Suite de la Renommée.

Faisons raisonner nos Trompettes,
Rapellons ici les plaisirs,
Les tendres amourettes,
Pour satisfaire à ses pressans desirs.
Les plaisirs viennent danser un air.

LE DESTIN.

Hastez vous de donner un spectacle à la Terre,
Qui n'ait point eu d'égal & qui n'en ait jamais.
Joignez à ces concerts de Guerre
Les doux chants de la Paix.

Deux hommes

PROLOGUE.

Deux hommes & une femme.

Charmante Paix, qu'on vous rend de justice,
Lorsque de tous les Biens on vous croit le plus doux:
Mais comment voulez-vous helas! qu'on en joüisse?
Puisque vous ramenez les Amours avec vous.
   Contre les plus insensibles,
   Ils lanceront mille traits;
   Il n'est point de cœurs paisibles,
   Quand l'amour en est si prés.

Les plaisirs & les Graces dansent un menuët.

UNE DES GRACES.

   La Paix a beaucoup de charmes
   Pour avoir de beaux jours
   Elle est d'un grand secours:
Mais, sa tranquilité ne vaut les allarmes
   Que causent les Amours.

On repete le menuët, aprés lequel on danse
une Gigue.

UN PLAISIR.

O l'heureux sort d'estre aimé quand on aime!
Et qu'il est doux de l'éprouver soi-même;
Que de plaisirs on goûte à tous momens!
   Tendre jeunesse,
   Aimez sans cesse,
   Mille enjoüemens

Rendront vos jours charmans :
* Quand on s'engage*
* Dans le bel âge*
O l'heureux sort d'être toûjours Amans :

   On redanse la Gigue.

SECOND COUPLET.

Il faut aimer ou renoncer à vivre,
Jamais penchant ne fut plus doux à suivre ;
Les jeunes Cœurs sont faits pour les amours :
* Si l'on soûpire*
* Sous leur Empire ;*
* Ils ont toûjours*
* D'agreables retours :*
* Jusques aux larmes*
* Tout a des charmes,*
Il faut aimer pour avoir de beaux jours.

LE DESTIN & LA RENOMME'E.

Au pouvoir de l'amour il est temps de vous rendre,
* Il n'est aucuns mortels ni Dieux*
* Qui puissent s'en deffendre :*
Pendant que nous allons retourner dans les Cieux,
* Pour l'assurer de vôtre obeissance,*
* Chantez les attraits & la puissance*
* Que ce Dieu fait voir en ce jour,*
* Et par vôtre réjoüissance,*
Aprenez aux Bergers d'alentour,

PROLOGUE.

Que la Paix dans ces Lieux s'unit avec l'amour.

Chœur où tout le monde chante.

Chantons les attraits & la puissance
Que ce Dieu fait voir en ce jour,
Et par nôtre rejoüissance
Apprenons aux Bergers d'alentour,
Que la Paix dans ces Lieux s'unit avec l'amour.

Fin du Prologue.

PERSONNAGES

DE LA PASTORALE.

ELADON,	Mr Leger.
SILVIE,	Mademoiselle Sallé.
LICIDAS,	Mr Cochereau.
CLIMENE,	Mademoiselle Cochereau.
ARCAS,	Mr Bonnel.
IRIS,	Mademoiselle Poüssain.
LE SATIRE,	Mr Sallé.

Chœur de Satyres.

L'AMOUR *&* **LA PAIX.**

La petite Corette.   Mademoiselle Gautier.

Chœurs de Bergers & de Bergeres, chantans & Dançans.

L'UNION
DE
LA PAIX
ET DE
L'AMOUR
PASTORALE.

ACTE PREMIER.

Le Theâtre represente une Forest & dans
le fond un Boccage.

SCENE PREMIERE.

LE SATYRE, *seul.*

AH, que l tourment d'aimer, quand on
n'est point aimable !
Faut-il que le cruel amour
Me fasse éprouver en ce jour
L'horreur d'un sort si déplorable?
Soûmis aux dures Loix d'un penchant

C

amoureux ?

> J'offre en vain une ardeur fidelle,
> Chaque Nymphe à mes vœux rebelle

Rit de mes foins & meprife mes feux :

> Sous ton Empire
> S'il faut que je foûpire,
> Prés des yeux qui m'auront charmé,

Amour, rends moy plus digne d'eftre aimé.

> Nourriffons la douce efperance

De voir finir un jour cette longue fouffrance,

> Aimons ne nous rebutons pas,

Les plaifirs de l'amour n'ont jamais tant d'appas,

> Qu'aprés un peu de refiftance.
> Séjour délicieux,
> Boccages, naiffante verdure,
> O vous qu'enrichit la Nature
> De fes Dons les plus précieux !
> Ruiffeaux, qui mêlez en ces Lieux
> Vôtre doux & charmant murmure,

Vous allez voir finir les tourments que j'endure ;

Et l'amour aujourd'hui va changer en plaifirs,

> Mes vains & languiffans foûpirs :

Mais, quel objet charmant paroift dans ce Boccage !

> Que d'attraits ! que d'appas !

Ah ! pourquoy ce Berger vient il fuivre fes pas ?

> Retirons nous fous cet épais feüillage,
> Craignons de nous trop engager,
> Il faut un peu fe ménager
> Quand on craint de porter ombrage.

Il fe retire pour attendre le moment que Climene foit feule.

SCENE SECONDE.

CLIMENE, LICIDAS.

CLIMENE.

C'Est par vostre retour, Printemps, que dans
    ces Lieux
   Nous revoïons Zephire *et* Flore,
   Par leurs doux soûpirs faire éclore
   Les Fleurs qui brillent à nos yeux ;
    Quand tout renaist dans la Nature
   Et que nos Champs reprennent leurs attraits,
Ah ! faut-il que l'amour d'un Ingrat, d'un parjure,
Dans son perfide cœur soit éteint pour jamais ?

LICIDAS.

   A vos appas j'aurois rendu les armes,
   Mais vos mépris ont effrayé mon cœur ;
    Vos yeux remplis d'un feu trompeur,
A ma tendre constance ont couté mille allarmes :
    Vôtre beauté
    M'avoit sçû prendre,
    Vôtre fierté
   A sçû me rendre
   La liberté.

CLIMENE.

    Par les rigueurs,
On éprouve un Amant fidelle,

Il n'auroit jamais de douceurs,
S'il ne passoit en son ardeur nouvelle
Par les Rigueurs.

LICIDAS.

Par les faveurs,
On se fait un Amant fidelle,
Il se promet peu de douceurs,
S'il ne commence en son ardeur nouvellé
Par les faveurs.
Tous deux ensemble
Par les rigueurs,
Par les faveurs, &c.

LICIDAS.

Pourquoy les Belles
Sont-elles
Cruelles ?
Par un couroux ingenieux
Elles allarment nôtre flâme :
Ah ! quand on fait le charme de nos yeux,
Doit on causer le tourment de nôtre ame ?

CLIMENE.

Telle est la Loy de nos Hameaux,
Nous voulons qu'un Berger souffre quand il soûpire,
Plus il a ressenti de maux ;
Plus douce est à ses yeux la fin de son martyre.
La Rose embellit nos Champs,
Les Epines Cruelles
N'en rendent point les charmes moins puissants :
L'amour a ses plaisirs, par de legers tourmens,
Prepare les Amants fidelles.

CLIMENE

CLIMENE & LICIDAS.

Par les rigueurs ;
Par les faveurs, &c.

On entend une Symphonie plaintive.

CLIMENE.

Qu'elle triste harmonie
Interrompt ici nos discours ?

LICIDAS.

C'est Meladon, qui de Silvie
Ressent l'injuste tyrannie,
Et vient chercher quelque secours
Au sort infortuné de ses tendres amours.

CLIMENE.

Je sçai la douleur qui le presse,
Il m'a tantost appris ses mortels déplaisirs :
Ne troublons point ses languissants soûpirs,
Et voyons jusqu'où va l'excés de sa tristesse.

SCENE TROISIE'ME,

MELADON.

N'Est-il pas temps, enfin, de soûmettre mon sort
Aux ordres rigoureux de l'Objet que j'adore ?
Ses mépris, ses rigueurs, me livrent à la mort ;
Pour le fléchir, j'ay fait un vain effort,
Helas ! je souffre trop, pour vouloir vivre encore ;.
Ce fut dans ce charmant séjour,
Que mes yeux enchantez virent d'abord Silvie :

Ici commença mon amour,
J'y viens finir ma vie.
C'en est fait je cours au Trepas,
Il me rendra ce repos favorable,
Dont je n'esperois plus me flatter ici bas ;
Adieu Silvie, adieu Bergere impitoyable,
Souvenez-vous au moins d'un Amant miserable
Qui meurt pour vos divins appas.
Si vôtre cœur eût pû se rendre
A l'ardeur la plus tendre,
Ah ! ne la meritois-je pas ?

Il veut se percer le Sein ; mais il est arresté par Arcas qui se saisit de son fer.

SCENE QUATRIE'ME

ARCAS, & une Troupe de Bergers & de Bergeres chantans & dançans.

*N*ous quittons tous nostre charmante Rive,
Pour accourir à vôtre voix plaintive,
D'où vous vient ce cruel transport ?
MELADON.
Ah ! pourquoi, cher Arcas, retardez-vous ma mort ?
Vôtre pitié pour moy, n'est qu'une pitié vaine,
Rien ne peut soulager ma peine,
Laissez moi m'affranchir des rigueurs de mon sort.
ARCAS.
L'Excés de sa douleur

L'empêche de nous dire
Ce qui cause son martyre,
Pendant qu'il va m'ouvrir son cœur,
Bergers , déplorez son malheur.

Arcas sort avec Meladon.

CHOEUR.

O Meladon ! ô Berger trop sensible !
Quel destin ! ah quel sort terrible !

On danse une Sarabande grave , aprés laquelle tout le monde s'en va.   Climene & Licidas restent seuls.

CLIMENE.

Que Licidas dans ces moments
Ne peut il éprouver de semblables tourmens ?
Vainement vôtre indifference
Vous flatte de braver l'amour & sa vengeance :
Croyez-vous échaper à ses traics méprisez ?
Si quelque fois ce Dieu differe
D'asservir un temeraire
Qui ne le connoist pas assez :
Il vient un temps ou sa Colere
Severe ,
En l'accablant par des coups plus cruels ,
Venge l'honneur de ses Autels.

LICIDAS.

C'est un Enfant dont la foiblesse
Ne me sçauroit causer d'ennui :
J'empêcherai qu'il ne me blesse ,
Et serai libre malgré lui.

SECOND COUPLET.

De ses appas & de ses charmes

Je ne crains point le doux poiſon:
Et quoy qu'il ait de fortes armes,
Je ſuivrai toûjours ma raiſon.
Mais, pour n'expoſer pas mon cœur à ſes allarmes,
Il faut en évitant vos plaintes & vos larmes,
M'arracher à ſa trahiſon

          Il quitte Climene.

CLIMENE, *ſeule.*

Il me quitte l'ingrat, il ne veut plus m'entendre
O Dieu puiſſant! qui regnez ſur les cœurs,
Avez-vous ſur le mien épuiſé vos ardeurs?
Lui ſera t'il toûjours permis de s'en deffendre?
Helas! pour vous vanger, que pouvez-vous attendre?
Mon cœur vous fournira ces traits pleins de rigueurs,
Qui me forcerent à me rendre;
Arrachez les d'un cœur ſi tendre,
Pour en faire à l'ingrat reſſentir les horreurs,
Et faites que je voye à mon tour ſes ardeurs,
Sans m'en laiſſer ſurprendre.

Elle veut s'en aller; mais elle eſt arreſtée par le Satyre.

SCENE CINQUIE'ME.

LE SATYRE.

BElle Nymphe arreſtez, écoutez un moment.
CLIMENE.
Fuis, ta preſence augmente mon tourment,
 Qui t'a rendu ſi temeraire,
 Que d'oſer approcher de moy ?
LE SATYRE.
 Le deſir de vous plaire
 Et de vivre ſous voſtre Loy.
CLIMENE.
L'amour eſt-il connu d'un monſtre tel que toy ?
LE SATYRE.
 L'amour ſous ſon Empire
Soûmet tout ce qui reſpire,
Et tous les cœurs peuvent ſentir ſes feux :
 Qu'importe, Bergere cruelle,
 Que je ſois un objet affreux,
 Pourvû que j'aye un cœur fidelle ;
Avec des traits plus beaux, un Amant infidelle ;
Doit-il étre d'un prix plus charmant à tes yeux ?
CLIMENE.
 Quand l'Amour nous engage
 On ſeroit trop heureux,
 Si le mépris d'un volage

E

Pouvoit éteindre nos feux :
Plus on se fait de violence
Plus le cœur se trouve enflamé,
Et jusqu'à l'inconstance,
Tout plaist dans un Amant aimé.

LE SATIRE

Essaye un peu de ma tendresse,
L'ardeur qui pour toy me presse
S'enflamera chaque jour :
Tu me verras brûler d'une flâme constante,
Et tes beautez, Bergere trop charmante ;
Augmenteront sans cesse mon amour.

CLIMENE.

D'un cœur comme le tien je méprise l'hommage ;
Va vanter autre part ta constance et ta foy :
L'amour m'eût vû bien-tost braver son esclavage,
S'il n'offroit à mes fers, qu'un captif tel que toy.

Elle s'en va

LE SATIRE.

La cruelle me fuit et me livre à ma rage :
Venez Faunes, venez Silvains,
Venez d'un malheureux adoucir le martyre,
Vangez un amant qui soûpire,
Et charmez par vos jeux l'horreur de ses dédains.

Chœur de Satyres & de Silvains chantans & dançans.

Nous voilà prests à punir qui t'outrage
Faut il faire souffrir
Languir,
Perir,
Que rien n'échape à nôtre rage !

LE SATYRE.

Non, non vôtre couroux
Ne m'eſt point neceſſaire ;
Mais chantez, danſez tous :
Effacez les mépris d'une ingratte Bergere,
A qui je n'ay ſçû plaire,
Vous rendrez mon Deſtin plus doux.

Les Faunes & les Satyres danſent deux airs, aprés
leſquels ils chantent ce qui ſuit.

Chœur de Satyres & de Faunes.

Si c'eſt l'amour qui vous tourmente
Vous aurez toûjours à ſouffrir,
Sa douleur eſt toûjours preſente
Et lors qu'un bel objet l'augmente
L'on ne peut jamais en guerir :
Si c'eſt l'amour qui vous tourmente
Vous aurez toûjours à ſouffrir.

On redanſe une fois le ſecond air.

SECOND COUPLET.

Nôtre douleur devient extréme,
Quand l'amour trompe nos projets :
Pour mieux goûter un bien ſupréme,
C'eſt de trouver en ce qu'on aime
De quoy nous rendre ſatisfaits.

Nôtre douleur devient extréme,
Quand l'amour trompe nos projets.

LE SATYRE.

Je suis content de vôtre zele,
Allez, retournez dans vos bois;
Je veux chercher ici pour la derniere fois
Quelque soulagement à ma peine cruelle:
Peut-être en ce jour plus heureux,
L'amour aura pitié de mon sort rigoureux.

Fin du premier Acte.

ACTE

ACTE SECOND.

Le Theâtre reprefente des Jardins, des Fon-
taines avec des Allées de verdure en per-
fpectives.

SCENE PREMIERE.

SILVIE. feule.

MES Moutons n'iront plus s'affembler
    fous l'Ormeau,
Ils n'oferoient cherchercher le frais, ni
    l'herbe tendre,
Depuis que le Berger, qui m'a voulu
    furprendre,
A porté fa Houlette en un autre Hameau :
Helas ! que l'Infidelle, en quittant mon Troupeau,
Ne laiffoit-il du moins fon Chien pour le deffendre ?

SECOND COUPLET.

Je me laiffai feduire au langage nouveau
D'un Ingrat, d'un trompeur, qui me faifoit compren-
    dre,
Que plutoft on verroit les Agneaux entreprendre
De combattre les Loups, qu'il quittaft mon Troupeau :
Helas ! fi l'Infidelle, au bord de ce Ruiffeau,
Revenoit me parler, je craindrois de l'entendre.

E

<hr>

SCENE SECONDE.

IRIS, SILVIE, LE SATYRE. *caché.*

IRIS.

V Enez-vous rêver en ces Lieux
Aux maux que font souffrir les charmes de vos yeux?

SILVIE.

D'un Amant qui trahit ses feux & ma tendreße,
Mon cœur ici cherche à se dégager;
Et ces Lieux écartez, si je ne puis changer,
Cacheront du moins ma foibleße :
L'Inconstant Meladon ne me fait que trop voir,
Que mes yeux n'ont aucun pouvoir :
Il me quitte l'ingrat, ma douleur est extréme,
Il rompt les Serments qu'il a faits.
Quel suplice d'apprendre helas ! parce qu'on aime
Le peu que valent nos attraits ?

IRIS.

Vous croyez vainement Meladon infidelle,
Il vous aime n'en doutez pas;
Agité des transports d'une douleur mortelle,
Nous avons tantoft sa main cruelle
Préte à lui donner le Trepas,
Et sans nôtre secours helas !
Vous auriez vû perir l'Amant le plus fidelle,
Que l'amour ait jamais foûmis à vos appas :

Connoiſſez mieux l'avantage
Que vous avez ſur ceux qui vivent ſous vos Loix ;
En vous voyant on peut eſtre volage,
Mais, c'eſt pour la derniere fois.

              Le Satyre paroiſt.

SILVIE.

Ciel ! que cherche en ces Lieux ce malheureux Satyre ?

SILVIE & IRIS.

Evitons les horreurs que ſa preſence inſpire.

LE SATIRE.

Où fuyez-vous, objets charmans ?
Demeurez, que pouvez-vous craindre
De mes tendres empreſſemens !

              Il s'adreſſe à Silvie.

Vous que je viens d'entendre ici ſe plaindre
      D'un Berger qui fait vos tourments,
      Soulagez l'ardeur qui me preſſe,
Et goûtez aujourd'hui la charmante douceur,
      D'allumer pour vous dans mon cœur
Les feux toûjours conſtans d'une juſte tendreſſe.

SILVIE.

Oſe tu me parler d'amour ?

LE SATIRE.

Ah ! charmante Bergere !
Je languis pour vous nuit & jour ;
Et je veux mourir, ou vous plaire.

SILVIE.

Fuis loin d'ici, crains ma colere.

LE SATIRE.

Qui refuſe de s'enflamer,
ne connoit pas l'uſage

Du temps propre à charmer :
Servez vous mieux d'un si doux avantage ;
Le plaisir de se faire aimer,
S'en fait souvent avec l'âge.

                    S'adreſſant à Iris.

Et vous n'aurez point quelque pitié de moy ?

              I R I S.

Non , retire toy ,
  Ton air farouche ,
  N'a rien qui touche ,
Il me cauſe un mortel effroi.

LE SATIRE s'adreſſant à Silvie && à Iris,
l'une aprés l'autre.

  Ah ! cruelle Bergere ,
  Ne veux tu pas m'aimer ?
Si je dis que pour toy je ſuis tendre & ſincere ,
  Cet aveu doit il t'allarmer ?
  Ah ! cruelle Bergere ,
  Ne veux tu pas m'aimer ?
  J'ay beau vouloir te plaire ,
  Rien ne peut t'enflamer ;
    Ton air ſevere ,
    Me deſeſpere ,
  Toy, qui ſçais tout charmer !
  Ah ! cruelle Bergere ,
  Ne veux-tu pas m'aimer ?

                  S'adreſſant à Silvie.

Seras tu toûjours inhumaine ?

             S I L V I E.

Je ne puis plus ſouffrir tes importuns diſcours.

                    LE SATYRE

LE SATYRE *à Iris.*

N'adouciras-tu point mon amoureuse peine ?

IRIS.

Fuis, va chercher tes Tigres & tes Ours.

LE SATIRE.

Ah ! c'est trop voir braver l'ardeur qui me possede,
Cessez d'outrager mon amour,
Ou redoutez en ce jour,
La fureur qui lui succede :
Je me ferai raison dans mes transports jaloux
Du mépris qu'on fait de ma flâme,
Et l'amour pour jamais sortira de mon ame.
Pour vous livrer à mon couroux.

SILVIE & IRIS

Venez Bergers, accourez nous deffendre.

LE SATIRE.

Il est temps de venger mon cœur de vos refus,
Tremblez, vos cris sont superflus,
On ne peut les entendre.

Il veut les enlever.

SCENE TROISIE'ME.

LICIDAS, MELADON, SILVIE, IRIS & LE SATYRE.

LICIDAS & MELADON.

NOus venons à vôtre secours,
Contre qui devons-nous prendre voftre deffense ?

LE SATYRE.

O Ciel ! quel sort pour mes tendres amours ?
Quoy ! vous triompherez toûjours
De vostre injuste preference ?
C'en est fait, l'amour sort pour jamais de mon cœur.
Je vous vendrai bien cher, cruelles, le bonheur
D'avoir trop sçû me plaire,
Et la vengeance qu'on differe,
Ne perd rien de sa fureur.

MELADON & LICIDAS.

Crains que nostre juste colere,
Ne nous fasse en ton sang eteindre cette ardeur ?

LE SATIRE.

Un Amant qui perd ce qu'il aime,
Voit il rien à redouter ?
Craignez plutost vous-méme,
La fureur qui vient m'agiter :
Pour un cœur méprisé, c'est un plaisir extréme,
De trouver quelque obstacle à vaincre & surmonter,
Et rien ne peut épouventer
Un amant qui perd ce qu'il aime.

Il s'en va.

MELADON arrestant Silvie.

Inhumaine arrestez, helas ! où fuyez-vous ?
Quoy ! vous redoutez moins la rage
De ce Monstre cruel, dont l'amour vous outrage,
Que les feux d'un Amant qui meurt à vos genoux.
L'ardeur dont ma flâme est suivie ;
Doit elle allarmer vostre cœur ?
C'est en vous immolant ma vie,

Que je me veux venger, trop ingratte Silvie,
De l'excés de vôtre rigueur.

SILVIE.

Sous une trompeuse apparence,
Vous déguisez, envain, vôtre crime à mes yeux ;
Si vous n'estes pas plus heureux,
Accusez en vôtre inconstance.

MELADON.

Quoy ! J'aurois pû changer ? Le croyez vous ? helas ?
Non, par une barbare adresse,
Vous feignez des soupçons que vous n'écoutez pas,
Ah ! consultez tous vos appas,
Ils répondront de ma tendresse.

SILVIE.

Si vôtre cœur s'en fût laissé toucher,
J'aurois eu moins d'inquietude :
Et vantant mes appas, perfide, c'est chercher
Un pretexte de plus, à vôtre ingratitude :
Une autre a sçû plaire à vos yeux,
Vous avez brisé nostre chaîne,
Je vous ay surpris en ces Lieux
Aux pieds de l'aimable Climene.

MELADON.

A tort vous m'osez condamner,
Souffrez que je vous desabuse.

SILVIE.

Non, Je n'entends plus rien, c'est une vaine ruse ;
On doit finir un Amant qui s'est fait soupçonner,
Qui l'écoute souvent s'abuse ;
Et vouloir souffrir qu'il s'excuse,
C'est vouloir lui pardonner.

Climene paroist.

MELADON.

Dieux ! que pour me tirer de peine,
Climene ici vient à propos !

SCENE QUATRIE'ME.

MELADON, CLIMENE.

MELADON.

Venez rendre à mon cœur, le calme & le repos,
        Apprenez à cette inhumaine,
        Si vos yeux ont brisé ma chaine ?
J'ay beau verser des pleurs, on rit de mes tourmens
        Comme de ma tendresse,
Et l'on compte pour rien, tous les maux que je sens :
Encor que l'hiver passe & que l'Eté renaisse,
        Aprés le doux Printemps,
Je voy que pour moy seul, le froid dure sans cesse.

CLIMENE.

        Vous l'accusez en vain de changement,
        Son cœur vous aime tendrement,
        Et vôtre Amour n'en doit rien craindre :
Il n'est point en ces Lieux de plus fidelle Amant,
Tantost à mes genoux il est venu se plaindre
        De vos mépris, de son tourment.

CLIMENE, IRIS & LICIDAS.

A sa tendresse il est temps de vous rendre,

Comblez

Comblez son espoir & ses vœux;
Et faites un Amant heureux
Du plus fidelle & du plus tendre.

IRIS.

J'ay vû couler des pleurs mille fois de ses yeux

LICIDAS.

Je suis témoin de sa souffrance,

CLIMENE.

Ne doutez plus de sa constance.

Tous ensemble.

Comblez son espoir & ses feux.

SCENE CINQUIE'ME.

ARCAS avec une Troupe de Bergers & de Bergeres, chantans & dançans.

ARCAS.

Moderez pour un temps cette chaleur extrême
Et devenez attentifs à ma voix,
Silvie & Meladon, pour la derniere fois,
L'amour m'a prononcé sa volonté suprême;
Dés l'aurore ces mots, dans le fond de nos bois,
font sortis de sa bouche même:
Arcas, je vais finir les rigoureux tourments
De ceux qui sont sous mon empire,
S'ils ont souffert quelque Martire,
Bien-tost, ils vont estre contens:
Dans une heureuse intelligence
Bergeres & Bergers aimeront desormais,

L'UNION DE LA PAIX

Plus de froideurs, de soins ni de souffrance,
Tranquilité, Douceur & Paix.

Le Chœur repete ces quatre derniers vers.

Dans une heureuse &c.

Aprés lequel on danse quelques Airs.

DEUX BERGERES.

Cruels tourmens, tristes allarmes,
Retirez vous de l'empire amoureux :
L'amour viendra pour essuyer les larmes
De ceux qui brûlent de ses feux.
Cruels tourmens, tristes allarmes,
Retirez vous de l'empire amoureux.
Les objets qui font tous vos charmes
Reconnoistront en vous rendant les armes,
La sincerité de vos vœux.
Cruels tourmens, tristes allarmes,
Retirez vous de l'Empire auoureux.

On danse plusieurs Airs.

MELADON.

S'il se pouvoit que la belle
Qui me retient sous sa Loy ;
De quelqu'autre ardeur nouvelle
Ne soupçonnât plus ma foy ;
Est-il un Berger fidelle,
Qui fut plus content que moy ?

On danse le même Air.

SECOND COUPLET.

Si la charmante Silvie
Que j'aime si tendrement :
Sçavoit qu'elle est mon envie
Et que j'aime constamment ;
Est-il un sort dans la vie,
Qui me parust plus charmant ?
*   Dans une heureuse intelligence*

On repette le Chœur ci-devant, pour finir le
second Acte.

ACTE TROISIE'ME

Le Theâtre represente toûjours des Forests
& des Boccages.

SCENE PREMIERE.

SILVIE, MELADON.

SILVIE.

ES soupçons sont finis, j'en croi
   vôtre Serment,
Vous allarmez vainement.
Je me rends à l'amour que vostre
   ardeur inspire,
Je fais sans en rougir un aveu si
   charmant :
Le plaisir d'aimer tendrement,
S'augmente encor par celui de le dire.

MELADON.

Avec transport, j'adore vos beaux yeux,
Je jure à vos appas une flâme éternelle.
Ah ! si vous me rendez l'Amant le plus heureux,
Vous me verrez aussi le plus fidelle.
Cruels tourmens, soupçons jaloux,
Vous faites en ce jour le bonheur de ma vie :

C'est

C'eſt par vous ſeuls helas ! Et par vos coups.
Que je connois le prix de l'amour de Silvie.

SILVIE.

Quand tout ſuccede au gré de nos deſirs,
L'amour content languit, & n'a pas tous ſes charmes :
C'eſt dans le trouble & les allarmes,
Qu'il trouve ſes plus doux plaiſirs.

SILVIE & MELADON.

Reprenons des chaines ſi belles ,
Que nos ardeurs ſoient éternelles !
En publiant de ſi beaux feux ,
Sans ceſſe on chantera dans ces aimables Lieux ;
Heureux les cœurs qui ſont fidelles.

MELADON.

Puiſque l'amour va combler nos deſirs ,
Venez Licidas & Climene ,
Vous partageâtes nôtre peine ,
Vous partagerez nos plaiſirs.

SCENE SECONDE.

LICIDAS, CLIMENE, SILVIE, MELADON,

LICIDAS.

EN vain vous fuyez ma preſence ,
L'amour m'entraine ſur vos appas :
Cruelle écoutez-moi , faites-vous violence
Pour recompenſer ma conſtance ,
Ou du moins pour voir mon trepas.

CLIMENE.

Vivez pour sentir vos allarmes
Et pour me voir insensible à vos feux,
Vous avez méprisé mes soûpirs & mes larmes,
Et mon cœur à son tour se dérobe à vos vœux ;
Et plus vous serez amoureux,
Plus ma vengeance aura de charmes.

LICIDAS

Je ne connoissois pas l'amour
Quand j'ay méprisé sa puissance :
Est ce par vôtre indifference
Que j'en dois faire helas ! l'épreuve dans ce jour ?
Je le trouve en vos yeux, je ne puis m'en deffendre :
Le cruel se sert de leurs traits :
Pour forcer mon cœur à se rendre,
Usez mieux du pouvoir qu'il donne à vos attraits :
Ah ! si je l'abandonne à ses charmes secrets,
Ce n'est pas pour le reprendre.

CLIMENE.

Ne cherchez point à m'engager,
En feignant un amour extrême :
Ah ! si je vous disois, ingrat, que je vous aime,
Je vous verrois bien-tost changer.

SILVIE & MELADON,

Belle Climene, il faut vous rendre
A l'Amour d'un Berger si tendre & si constant ;
De vôtre cœur suivez le doux penchant,
Puisque le sien ne sçauroit s'en deffendre.

CLIMENE.

Mon dépit vainement s'y voudroit opposer :
Que l'on croit aisément tout ce que l'on souhaitte !

En sa faveur cessez de me presser ;
Mon cœur, sans le secours que vôtre ardeur lui prête ,
N'a que trop de penchant helas ! à l'excuser :

                              parlant à Licidas.
      N'abusez pas de ma foiblesse.
LICIDAS.
Climene enfin se rend à ma tendresse,
    Quel changement grands Dieux !
    Est-il un mortel plus heureux ?
    Belles fleurs dont ma Bergere
    Se pare dans ce grand jour ,
    Ah ! ne croyez pas lui plaire
    Plus que mon ardent amour :
Qu'avez-vous de fraicheur que son sein ne surmonte ,
Ou d'éclat que son teint n'efface en un moment ?
Si vous êtes prés d'elle , ah ! c'est pour vôtre honte ,
      Bien plus que pour son ornement ?
LICIDAS & CLIMENE.
    Quittons ces bords & ce rivage ,
    Pour chercher le repos , le silence & l'ombrage ;
    Mélons nos vœux à nos soûpirs ,
    Goûtons le retour des plaisirs.
              On entend une Simphonie.
LICIDAS.
Quel bruit nouveau se fait entendre ?
MELADON.
    C'est ce Satyre furieux ,
    Qui vient pour troubler en ces Lieux ,
Les charmes que sur nous , l'amour aime à répandre.
LICIDAS.
Ne contraignons point ses soûpirs ,

Laißons à sa douleur un cours libre & tranquille,
Et joüissons de la rage inutile,
Qu'en son ame jalouse excitent nos plaisirs:
Tout le monde s'en va & laisse le Satyre seul

SCENE TROISIE'ME.

LE SATIRE, seul.

DE quels cris odieux retentissent nos plaines?
L'amour dérobe à ma fureur
Deux objets qu'il unit des plus aimables chaines;
Les Echos enchantez m'anoncent leur bonheur
Pour redoubler encor mes peines:
Où sont ils ces heureux Amans?
Esperent ils trouver le secours favorable
D'une retraite impenetrable
A mes jaloux ressentimens?
Arbres épais, Forests obscures,
Où la clarté du jour ne penetra jamais;
Solitaires Témoins des maux qu'Amour m'a faits,
Partagez avec moy mes tristes avantures,
Et faites moy redire au moins par vos Echos,
Quel azile écarté me cache mes Rivaux.
Mais, qu'elle est mon injuste attente
Dans ma fureur impatiente?
J'en attendrois un vain secours;
Les Bois, les Forests les plus sombres,
Se plaisent à cacher sous leurs épaisses ombres
Les Amans & leurs amours.

Cherchons

Cherchons , cherchons ces cœurs perfides
J'ay mes jaloux transports pour guides
Ils me serviront beaucoup mieux.
Embrazons ces Forests , dont l'ombre & le silence
Trahiroit mon dépit & ma juste vengeance
En les dérobant à mes yeux ,
Portons la Terreur , le Ravage
Partout où ma fureur adressera mes pas ,
Et que ma jalouse rage
Signalle son passage
Par mille affreux trépas.
Que la vengeance a de quoy plaire !
Hâtons en les efforts trop long-temps suspendus :
Chaques moments qu'on la differe
Sont autant de plaisirs perdus.
Immolons ces Amans à ma fureur extrême ,
Et rendons leur hymen fatal :
Qu'il est doux de punir une ingratte qu'on aime ,
Par le trépas de son Rival.
             Il s'en va pour ne plus paroistre,

SCENE QUATRIE'ME.

ARCAS, IRIS.

ARCAS.

ELoignez vous chagrins , Tristesse
          Et cessez de troubler
Des cœurs qu'amour a voulu rassembler.

                                        K.

Pour prix de leur tendreſſe
De ſes plaiſirs ce Dieu va les combler
Eloignez-vous chagrins, Triſteſſe
Et ceſſez de troubler
Des cœurs qu'amour a voulu raſſembler.

ARCAS & IRIS.

Quittez Bergers, vos Troupeaux, vos Houlettes,
Venez, profitez tous de ces heureux momens :
Prenez vos Haut-bois, vos Muſettes,
Pour enchanter ces fidelles Amans :
Quittez Bergers, vos Troupeaux, vos Houlettes,
Venez, profitez tous de ces heureux momens.
Joüiſſez des douceurs parfaites
Qui vont calmer vos rigoureux tourmens.
Quittez Bergers, vos Troupeaux, vos Houlettes,
Venez, profitez tous de ces heureux momens.

On joüe une marche pour faire entrer tout le monde ſur le Theatre, & pour eſtre preſens à l'arrivée de l'Amour & de la Paix.

Le Theatre repreſente le Palais enchanté de l'Amour

SCENE CINQUIE'ME.

On joüe une Simphonie pour l'entrée de l'Amour & de la Paix.

L'AMOUR & LA PAIX.
L'AMOUR.

Par ma puiſſance ſouveraine,
Je viens lier vos cœurs d'une éternelle chaîne ;

Et pour combler tous vos souhaits ,
Je ramene avec moi les plaisirs & la Paix.

L'AMOUR & LA PAIX.

Chantez cette union charmante ,
Que chacun ici se ressente
De nos bien-faits.

L'AMOUR.

Amans , brûlez d'une flâme constante ,

LA PAIX.

Rien ne troublera plus vos desirs desormais :

L'AMOUR & LA PAIX.

L'amour s'unit avec la Paix,

LA PAIX.

Parez vos Houlettes
De verds Rameaux ,
Tirez de vos Musettes
Des sons nouveaux :
Courez, faites redire
A vos Echos ,
Que l'amour dans son Empire
Assure un plein repos.

CHOEUR.

Parons nos Houlettes
De verds Rameaux ,
Tirons de nos Musettes
Des sons nouveaux :
Courons ; faisons redire
A nos Echos.,
Que l'Amour dans son Empire
Assure un plein repos.

On danse une Gavotte, apres laquelle un Berger chante.

42 L'UNION DE LA PAIX ET DE L'AMOUR,

UN BERGER.

Tendres Amans, soyez fidelles
Et laissez enchanter vos cœurs :
Que vos ardeurs soient éternelles,
Goûtez-en toûjours les doûceurs
Il n'est plus de peines cruelles,
Quand l'amour fait cesser nos pleurs.

On danse un Menuët, apres lequel on chante.

UNE BERGERE.

Un doux charme ici nous attire,
Ces Lieux sont ornez par l'amour :
Vivez Amans sous son empire,
Les plaisirs y font leur séjour.
Jamais en vain on y soûpire,
Profitez tous d'un si beau jour.

On danse une Chaconne.

UNE BERGERE.

Eclairez, ô beaux jours !
Eclairez pour jamais nos charmantes prairies,
Et vous Ruisseaux, que vôtre cours
Entretienne toûjours
Nos douces rêveries :
Que la Paix regne dans ces Lieux,
Banissons les soucis, les soûpirs & les larmes,
Que les ris & les jeux
Succedent aux allarmes.

Le Chœur, pour finir, repette ces quatre derniers vers. *Que la Paix,* &c.

Fin de la Pastoralle.